AF243187

LA
SOUVERAINETÉ NATIONALE

PAR

ADRIEN DUMONT

Avocat,

Ancien membre du Conseil général de la Drôme

L'arme la plus perfectionnée, la plus puissante :
Ce n'est pas le canon rayé,
Ce n'est pas le fusil Chassepot :
C'est le bulletin de vote !

PARIS

LIBRAIRIE INTERNATIONALE

15, BOULEVARD MONTMARTRE

—

A. LACROIX, VERBOECKHOVEN & Cⁱᵉ, ÉDITEURS

A Bruxelles, à Leipzig et à Livourne

—

1869

LA
SOUVERAINETÉ NATIONALE

I

DE LA SOUVERAINETÉ NATIONALE

I

Quel est le vrai souverain ? Tout le monde.

C'est du peuple et du peuple seul que part la souveraineté.

C'est lui qui tient les grandes assises.

Dans les temps passés, le peuple avait autant de difficultés pour se former une opinion que pour la manifester.

Et pourtant, dans la série des siècles, que de mouvements populaires se sont produits d'une manière irrésistible, instantanée, changeant l'ordre des choses, entraînant avec eux les destinées des gouvernements et des nations !

A travers toutes les vicissitudes de notre histoire, c'est à peine si nous pourrions signaler une interruption de l'exercice direct ou indirect de la souveraineté nationale.

II

Les *Capitulaires* de Charlemagne, sur le mode de convocation et de délibération des assemblées de Mai, attestent le droit qu'avait alors la nation de participer à son gouvernement.

Usurpé par les ligues féodales, ce droit fut peu à peu ressaisi par les communes.

Le peuple s'affranchit avec le concours de ses rois, qui servirent alors d'instrument providentiel à la liberté nationale.

Cependant la monarchie, qui était sortie toute puissante d'une longue lutte avec la féodalité, tendit à absorber la force populaire, dont elle avait été si longtemps la constante alliée.

III

La politique royale devint personnelle ; prétendant être l'arbitre de tous les droits, elle s'éloigna du peuple et elle ne convoqua plus que de loin en loin les états généraux.

Arrivé au sommet de sa toute-puissance, Louis XIV s'écrie : *L'État, c'est moi !*

Mais un siècle ne s'était pas écoulé que le peuple français, se redressant de toute sa hauteur, répondait à cette arrogante parole par ce principe inscrit dans la constitution de 1791 :

« La souveraineté est une, indivisible, inaliénable et imprescriptible ; elle appartient à la nation ; aucune section du peuple ni aucun individu ne peut s'en attribuer l'exercice. »

IV

En 1813, l'empereur Napoléon, dont le pouvoir absolu n'avait rien à envier à celui de Louis XIV, personnifiait également en lui la nation tout entière en disant aux députés du corps législatif : *Le seul représentant de la nation, c'est moi.* Quelque ambitieuse que fût cette prétention, elle n'était pas sans fondement, car, s'il devait son élévation à son épée victorieuse, Napoléon avait soumis l'établissement de l'Empire à la sanction du peuple, — Quant à tous les pouvoirs politiques de cette époque, on connaît leur origine ; les législateurs et les membres de tous les corps délibérants étaient nommés par le sénat ou par l'empereur lui-même sur des listes qui, étant le produit d'une série d'épurations successives, ne pouvaient pas être considérées comme l'expression du suffrage universel. — Napoléon était donc en quelque sorte autorisé à se poser comme le seul représentant de la nation ; mais, en constatant ce fait, il reconnaissait et proclamait le grand principe de la souveraineté du peuple.

V

Dans le préambule de la *Charte octroyée*, Louis XVIII, sacrifiant au dogme de la légitimité le principe de la souveraineté nationale, avait écrit que *l'autorité tout entière résidait en France dans la personne du roi.* — C'était là une paraphrase de la prétention de Louis XIV. — Le peuple n'en fit pas moins la révolution de Juillet au nom du principe de la souveraineté du peuple, et le premier soin de la chambre des députés fut, selon le vœu et dans l'intérêt du peuple français, de supprimer ce préambule de la charte constitutionnelle amendée.

VI

La constitution de 1848 fut plus affirmative encore. — Elle reconnut, comme la constitution de 1791, « que la souveraineté réside dans l'universalité des citoyens français ; qu'elle est inaliénable, imprescriptible ; qu'aucun individu, qu'aucune fraction de peuple ne peut s'en attribuer l'exercice. »

VII

Quand le prince Louis-Napoléon Bonaparte, président de la république, fit le coup d'État de 1851, en décrétant la dissolution de l'assemblée nationale, son premier acte ne fut-il pas de faire un appel au peuple, de lui soumettre les bases de la constitution ?

Lorsque, peu de temps après, il s'agit du rétablissement de l'empire, c'est encore au peuple qu'il appartint de ratifier le sénatus-consulte du 7 novembre 1852. — Double et solennel hommage rendu au principe de la souveraineté du peuple français.

VIII

Le suffrage direct et universel est entré dans nos mœurs, dans nos habitudes. — Il règne ! — Disons plus, le suffrage universel s'affirme par d'énergiques aspirations chez la plupart des peuples qui nous avoisinent, et il ne faut pas être un grand prophète pour prévoir qu'il fera bientôt le tour de l'Europe.

L'origine et la base du droit, c'est le suffrage universel. Il résume la souveraineté nationale. Par lui se font, se modifient et se transforment les constitutions. Il est le maître. — L'État, c'est lui! — C'est de lui qu'émanent tous les pouvoirs et tous les droits.

De lui nous pouvons tout attendre et nous devons tout espérer.

PRINCIPAUX ACTES POLITIQUES QUI SE SONT PRODUITS DE 1851 JUSQU'A NOS JOURS

Avant de parler des modes de manifestation de la souveraineté nationale et de son influence, nous avons jugé utile de rappeler d'une manière aussi succincte que possible les principaux actes politiques qui se sont produits de 1851 jusqu'à ce jour.

Quelques-uns de ces actes peuvent avoir échappé à la mémoire de nos lecteurs ; il importe d'ailleurs de les rétablir dans leur ordre chronologique pour mettre en lumière le degré de puissance de l'opinion publique.

I

Le 1er décembre 1851, la France était encore en possession du gouvernement républicain qu'elle s'était donné en 1848.

Le peuple français avait délégué :

Le pouvoir législatif à une assemblée unique composée de sept cent cinquante membres ;

Le pouvoir exécutif au prince Louis-Napoléon Bonaparte en qualité de Président de la République.

Il y avait antagonisme entre les deux pouvoirs, et tout présageait une lutte prochaine, lorsque le *Moniteur* du 3 décembre publia un décret, daté de la veille, par lequel le Président de la République :

Dissout l'Assemblée nationale et le Conseil d'État, rétablit le suffrage universel ;

Met en état de siége toute l'étendue de la première division militaire ;

Et convoque le peuple français dans ses comices.

« Je fais un appel loyal à la nation tout entière, disait le Président de la République dans sa proclamation, et je vous dis : si vous voulez continuer cet état de malaise qui nous dégrade et compromet notre avenir, choisissez un autre à ma place, car je ne veux plus d'un pouvoir qui est impuissant à faire le bien, me rend responsable d'actes que je ne puis empêcher, et m'enchaîne au gouvernail quand je vois le vaisseau courir vers l'abîme.

« Si, au contraire, vous avez encore confiance en moi, donnez-moi les moyens d'accomplir la grande mission que je tiens de vous.

« Cette mission consiste à fermer l'ère des révolutions en satisfaisant les besoins légitimes du peuple et en le protégeant contre les passions subversives. Elle consiste surtout à créer des institutions qui survivent aux hommes et qui soient enfin des fondations sur lesquelles on puisse asseoir quelque chose de durable.

« Persuadé que l'instabilité du pouvoir, que la prépondérance d'une seule assemblée sont des causes permanentes de trouble et de discorde, je soumets à vos suffrages les bases fondamentales suivantes d'une constitution que les assemblées développeront plus tard :

« 1º Un chef responsable nommé pour dix ans ;

« 2° Des ministres dépendants du pouvoir exécutif seul ;

« 3° Un Conseil d'État formé des hommes les plus distingués, préparant les lois et en soutenant la discussion devant le Corps législatif ;

« 4° Un Corps législatif discutant et votant les lois, nommé par le suffrage universel, sans scrutin de liste qui fausse l'élection ;

« 5° Une seconde Assemblée, formée de toutes les illustrations du pays, pouvoir pondérateur, gardien du pacte fondamental et des libertés publiques. »

Le peuple fut convoqué dans ses comices à partir du 14 décembre jusqu'au 21, et par *sept millions cinq cent mille suffrages*, il répondit affirmativement à l'appel du Président de la République.

Louis-Napoléon Bonaparte fut donc chargé de faire une constitution basée sur les principes qu'il avait lui-même posés.

Cette constitution fut publiée le 14 janvier 1852.

II

Une année ne s'était pas encore écoulée depuis la dissolution de l'Assemblée nationale, que le Sénat vota le sénatus-consulte du 7 novembre 1852 dont les dispositions principales eurent pour objet de rétablir la dignité impériale dans la personne de Louis-Napoléon Bonaparte, en la déclarant héréditaire dans la descendance directe et légitime de ce prince, de mâle en mâle, par ordre de primogéniture et à l'exclusion perpétuelle des femmes et de leur descendance.

La constitution de 1852 fut d'ailleurs maintenue dans toutes celles de ses dispositions qui n'étaient pas contraires au sénatus-consulte du 7 novembre 1852.

III

Ce sénatus-consulte apportait de profondes modifications aux bases premières sanctionnées par les suffrages du peuple, et dès lors, ces modifications ne pouvaient devenir définitives qu'à la condition d'être ratifiées.

C'est pourquoi le peuple français fut convoqué dans ses comices les 21 et 22 novembre, pour accepter ou rejeter le projet de plébiscite suivant :

« Le peuple français veut le rétablissement de la dignité impériale dans la personne de *Louis-Napoléon Bonaparte*, avec hérédité dans sa descendance directe, légitime ou adoptive, et lui donne le droit de régler l'ordre de succession au trône dans la famille Bonaparte, ainsi qu'il est dit dans le sénatus-consulte de ce jour. »

On sait que sept millions huit cent vingt-quatre mille cent quatre-vingt-neuf bulletins sortirent de l'urne portant le mot *oui*.

Le sénatus-consulte du 7 novembre, ratifié par le plébiscite des 21 et 22 novembre, devint donc loi de l'État.

Il restait à interpréter et modifier la constitution du 14 janvier 1852, pour la mettre en harmonie avec le régime nouveau, et c'est ce qui fut fait par un sénatus-consulte en date des 23-25 décembre 1852.

IV

Entre autres dispositions importantes, ce sénatus-consulte en renferme plusieurs qui augmentèrent d'une manière considérable le pouvoir de l'empereur et amoindrirent encore celui du pouvoir législatif.

C'est ainsi que l'empereur fut investi du droit :

De donner force de loi aux modifications de tarifs stipulés dans les traités de commerce, que l'article 6 de la constitution lui avait déjà attribué le droit de conclure ;

D'ordonner ou d'autoriser par *décrets tous les travaux d'utilité publique*, quelle que fût leur importance, avec faculté, lorsqu'il s'agirait d'exécuter des travaux pour le compte de l'État, *d'ouvrir des crédits en cas d'urgence* ; ces crédits ouverts suivant les formes prescrites pour les crédits extraordinaires devant être soumis au Corps législatif dans sa plus prochaine session ;

De modifier *par décrets* les dispositions du décret organique du 22 mars 1852, ayant pour objet de régler les rapports du Sénat et du Corps législatif avec le Président de la République et le Conseil d'État.

Ce sénatus-consulte édicta en outre :

Que le budget présenté au Corps législatif, avec ses subdivisions administratives par chapitres et par articles, *serait voté par ministère;*

Que la répartition, par chapitres, du crédit accordé pour chaque ministère serait réglée *par décret de l'empereur*, rendu en Conseil d'État ;

Que des décrets spéciaux rendus dans la même forme pourraient *autoriser des virements d'un chapitre à un autre.*

V

Que résulta-t-il de cétte extension de pouvoirs accordée à l'empereur?

Il en résulta :

1° Que le droit déjà si limité d'amendement attribué au Corps législatif par la constitution du 14 janvier fut encore resserré dans de plus étroites limites par le décret du 31 mars 1852;

2° Que la faculté pour le gouvernement d'ouvrir des crédits supplémentaires et extraordinaires, par décrets, dans l'intervalle des sessions, qui était limitée et restreinte, devint *générale et absolue;*

3° Que le gouvernement de l'empereur usa largement du droit d'ordonner par décrets de grands travaux d'utilité publique, et par suite d'ouvrir des crédits extraordinaires ;

4° Que du droit qui lui était attribué d'opérer des virements entre les différents chapitres d'un ministère, le gouvernement en conclut qu'il avait celui, quand des crédits supplémentaires ou extraordinaires avaient été ouverts par décrets, de ne pas les soumettre immédiatement à la sanction du Corps législatif avant qu'on fût assuré, dans chaque ministère, qu'aucune somme disponible sur d'autres services ne pourrait leur être appliquée, et qu'ils ne pouraient être ainsi convertis en décrets de virements. — De cette interprétation, plus ou moins arbitraire, il résulta que les décrets qui avaient ouvert ces crédits devaient être convertis en lois, *non pas dans la plus prochaine session,* mais dans celle qui suivrait la clôture de l'exercice.

VI.

Aussi arriva-t-il que les crédits supplémentaires et extraordinaires suivirent une marche croissante et que leur extension devint d'autant plus dangereuse qu'ils n'avaient pu toujours être renfermés dans les conditions prévues par la loi.

Depuis 1858, cette situation prit plus de gravité.— Les crédits supplémentaires et extraordinaires, qui avaient été de 83 millions en 1859, s'élevèrent à 115 en 1860, et en 1861 ils approchèrent de 200 millions, sans compter ceux qu'il fallait ouvrir par suite du renchérissement des subsistances.

Cette situation éveilla à bon droit la sollicitude du Corps législatif, qui, n'ayant accueilli qu'avec une certaine réserve l'article 12 du sénatus-consulte du 25 décembre 1852, porta bientôt son attention sur les modifications dont il serait susceptible. — Après avoir reconnu qu'en matière de budget la spécialité était descendue, sous l'ancienne législation, à un état trop grand de division, le Corps législatif demandait si en voulant remédier au mal on n'était pas tombé dans un inconvénient d'un autre genre.

VII

La situation financière inspirait des inquiétudes générales ; mais à côté de ce mal, il en existait un autre non moins grand. — Le pays, par suite de la privation de ses principales libertés politiques, était plongé dans une espèce d'allanguissement, d'ennui, qui se révélaient de toutes parts. — C'est qu'en effet, si le Corps législatif de 1852 n'avait pas été, comme celui de l'an VIII, condamné au silence, il était cependant dépourvu de toute initiative, presque privé du droit d'amendement, tant ce droit se trouvait circonscrit dans d'étroites limites et subordonné au contrôle tout-puissant du Conseil d'État.

N'ayant pas en face de lui des ministres, le Corps législatif ne pouvait pas même interpeller le gouvernement sur les actes de sa politique intérieure et extérieure. — Bien plus, la publicité de ses séances était étouffée sous le compte rendu officiel, reflet pâle, incomplet et toujours inanimé des débats d'une assemblée.

Quant au Sénat, il était encore plus maltraité que le Corps législatif sous le rapport de la publicité. — Ses portes étaient fermées, et le *Moniteur* ne donnait même pas toujours le compte rendu de ses séances. — En un mot, les débats des chambres n'avaient aucun retentissement, n'éveillaient en rien l'attention publique. — La vie politique s'évanouissait, le pays était sur le point de succomber à l'atonie.

VIII

Le gouvernement comprit enfin qu'il était indispensable de secouer ce sommeil léthargique.

Le 24 novembre 1860 intervint un décret impérial qui rouvrit au Sénat et au Corps législatif le champ de la politique en lui accordant la discussion de l'*Adresse*, en les mettant face à face avec le gouvernement par la création des ministres sans portefeuille et successivement d'un ministre d'État. — Ce décret ordonna, en outre, que les débats des deux Chambres seraient reproduits par la sténographie et insérés *in extenso* dans le journal officiel du lendemain, et enfin que le droit d'amendement serait restitué au Corps législatif dans les conditions édictées antérieurement au rétablissement de l'empire (1).

Bientôt après le gouvernement fit un pas de plus dans la voie où l'opinion publique, par la seule conspiration du silence, l'avait en quelque sorte contraint de s'engager.

Nous voulons parler du sénatus-consulte du 31 décembre 1861, qui eut pour objet :

1º De substituer au vote du budget par ministère, le vote par *grandes sections ;*

2º De réserver, toutefois, au gouvernement le *droit de virement* entre tous les chapitres d'un ministère, même entre ceux appartenant à des sections différentes ;

3º De supprimer la faculté qu'avait le gouvernement d'ouvrir, *par décret*, des crédits *supplémentaires* ou *extraordinaires* en l'absence du Corps législatif.

On ne peut pas nier que de grands changements furent ainsi apportés à nos institutions de 1851.

IX

Les grands principes de liberté furent tous invoqués dans la discussion de l'adresse à l'ouverture des sessious suivantes. — Ces principes, disait-on, sont la glóire de la France ; notre éternel honneur c'est de les avoir proclamés à la face du monde en 1789 ; ne devons-nous pas

(1) Ces différentes dispositions, à l'exception de celle relative à la discussion de l'adresse, furent consacrées par le sénatus-consulte du 2 février 1861.

être humiliés d'être seuls à ne pas jouir de leurs bienfaits, après avoir été les premiers à les reconnaître? On fut successivement amené à discuter la constitution de 1852, à la comparer à celles d'autres peuples, nos voisins.

L'élan une fois donné par le Corps législatif, l'esprit de critique gagna de proche en proche. — La presse périodique discuta à son tour la constitution, qui fut également attaquée par des pétitions adressées au Sénat.

Cependant cet esprit de controverse, timide d'abord, s'accentuant de jour en jour, finit par alarmer le gouvernement. « C'est là un inévitable danger, disait M. le Ministre d'État (1), et nous avons le devoir d'en préserver une constitution qui scelle dans une alliance féconde et les conquêtes de nos pères et les règles d'ordre et d'autorité, en dehors desquelles toute liberté est illusoire et impuissante ; une constitution qui a pour base et pour conséquence les suffrages de la nation entière, et qui, à ce titre, plus que tout autre, peut revendiquer le nom de grande charte ou de loi des lois. »

X

Le 18 juillet 1866 intervint un sénatus-consulte déclarant que la constitution ne peut être discutée par aucun pouvoir public, autre que le Sénat procédant dans les formes qu'elle détermine, interdisant, en outre, toute discussion, toute pétition ayant pour objet de la modifier.

Ce sénatus-consulte n'était que le prélude de la suppression du droit d'adresse.

Une adresse doit être l'investigation, la discussion de

____

(1) Voir le *Moniteur* du 7 juillet 1866.

tous les actes accomplis dans l'intervalle de deux sessions. Ce but, le Corps législatif l'avait rempli avec gloire et autorité. Mais on l'accusa de l'avoir dépassé en donnant, dans certaines circonstances, trop de développements à l'exercice d'un droit nouveau pour lui.

Le gouvernement prit texte de ce prétendu abus dont se seraient vite guéris nos législateurs pour accuser ceux-ci de mettre le siége devant les lois organiques, devant la constitution, d'enfiévrer le pays (1).

L'adresse fut donc irrévocablement condamnée ; toutefois, en la supprimant, on ne pouvait se dispenser d'accorder un dédommagement quelconque à l'opinion publique.

Par son décret du 19 janvier 1867, l'Empereur substitua au droit de l'adresse celui de l'interpellation, mais réglementée, contenue par l'écluse de l'admission préalable, suivant l'expression pittoresque de M. Lanjuinais. Il décida, en outre, que chacun des ministres pouvait, par une délégation spéciale, être chargé, de concert avec le ministre d'État, les présidents et les membres du Conseil d'État, de représenter le gouvernement devant le Sénat et le Corps législatif dans la discussion des affaires ou des projets de loi.

Le décret du 19 janvier a-t-il été un pas en avant? Assurément oui, car par sa lettre au ministre d'État, l'empereur annonçait qu'une loi serait proposée pour attribuer exclusivement aux tribunaux correctionnels l'appréciation des délits de presse et supprimer ainsi le pouvoir discrétionnaire du gouvernement ; il reconnaissait en même temps la nécessité de régler législativement le droit de

---

(1) M. le Ministre d'État.

réunion er le contenant dans les limites qu'exige la sûreté publique.

Ces deux lois ont été votées, elles sont en plein?fonctionnement.

Les journaux, affranchis de l'autorisation préalable, ne relèvent plus que de la loi et des tribunaux.

Quant aux réunions, elles sont possibles dans une certaine mesure.

C'est déjà quelque chose en attendant mieux.

III

DES MOYENS DE MANIFESTATION DE LA SOUVERAINETÉ NATIONALE

Système électoral depuis 1789 jusqu'à nos jours

ÉLECTIONS LÉGISLATIVES

Le régime électoral a eu, en France, de nombreuses vicissitudes, il a changé comme les gouvernements. Tantôt le pouvoir en a élargi la base de manière à le faire reposer sur des millions de citoyens; tantôt il en a resserré le cercle de manière à n'y comprendre que quatre-vingt mille électeurs.

Cependant le suffrage *universel et direct* ne figure dans aucune des nombreuses constitutions qui marquent les étapes de la Révolution française. Aucune de celles de ces constitutions qui ont été mises en pratique n'avait appelé tous les Français à élire leurs représentants sans intermédiaire, et à prendre ainsi une part active à la direction de l'État. C'est la Révolution de 1848 qui a inauguré ce nouveau droit public en France.

Jetons rapidement un coup d'œil rétrospectif sur les différentes combinaisons qui, depuis 1789, ont été successivement employées, soit pour étendre, soit pour restreindre les droits qui, dans un pays libre, peuvent appartenir aux citoyens.

I

La constitution de 1791 ne conserva, de l'ancien système, que la pluralité des degrés d'élection, en les réduisant à deux. Le premier degré était exercé par tous les habitants âgés de vingt-cinq ans, qui, n'étant pas dans un état de domesticité, payaient une contribution de la valeur de trois journées de travail. Ils se réunissaient en assemblée primaire, au chef-lieu de canton, pour choisir les électeurs qui seuls nommaient les représentants. Les électeurs ne pouvaient être désignés que parmi les contribuables jouissant d'un certain revenu ; mais l'éligibilité n'était soumise à aucune condition.

La Législative, qui sortit de ces élections, se montra plus libérale que la Constituante. Elle appela, en effet, à l'électorat, tous les citoyens âgés de vingt et un ans, vivant de leur revenu ou du produit de leur travail, et supprima toute condition d'éligibilité pour les électeurs du second degré.

La constitution de l'an III rétablit, à peu de chose près, le régime de 1791. Nul ne pouvait être nommé électeur s'il n'avait vingt-cinq ans accomplis et s'il ne justifiait d'un revenu déterminé suivant l'importance de la population des communes.

Aucun cens n'était attaché à l'éligibilité.

II

Après le coup d'État du 18 brumaire, le système des élections directes fut frappé de suspicion. — « La confiance, disait M. Sieyès, doit venir d'en bas et le pouvoir d'en haut. » Et c'est pour réaliser cette maxime qu'il imagina un système nouveau de représentation nationale.

La nation fut destituée de son droit de désigner elle-même les mandataires chargés de la représenter. — Son rôle se réduisit à former une liste de candidats, dans laquelle le Sénat devait puiser à la fois les représentants du pays et les agents du gouvernement. — Cette liste dite *de la notabilité nationale*, était le produit d'une série d'épurations.

Tous les citoyens âgés de vingt et un ans se réunissaient par arrondissement et désignaient le dixième d'entre eux.

Ceux-ci se réunissaient à leur tour par département, et choisissaient encore le dixième d'entre eux. — Ces derniers, faisant enfin un dernier triage, se réduisaient encore au dixième.

Il y avait donc trois *listes de notabilité :*

Notabilité communale.

Notabilité départementale.

Notabilité nationale.

Dans la première, on prenait les membres des administrations municipales et ceux des conseils d'arrondissement.

Dans la seconde étaient choisis les membres des conseils de département, les préfets, etc.

Dans la troisième, enfin, comprenant cinq à six mille individus, le Sénat devait prendre obligatoirement tous les membres du Corps législatif.

III

Deux ans s'étaient à peine écoulés que ce système fut modifié par un sénatus-consulte organique du 16 thermidor an X, qui créa des conseils électoraux d'arrondissement et de département. — Les membres de ces colléges, élus par les assemblées de canton, l'étaient à vie et ne pouvaient dépasser le nombre de 200 dans les colléges d'arrondissement et de 300 dans ceux de département.

Les colléges électoraux d'arrondissement présentaient à chaque réunion deux citoyens, pour faire partie de la liste sur laquelle devaient être choisis les membres du tribunat.

Les colléges de département et d'arrondissement présentaient chacun deux citoyens domiciliés dans le département, pour former la liste sur laquelle devaient être nommés les membres de la députation au Corps législatif.

IV

Le système électoral devait changer de nouveau avec la chute de l'empire.

La charte de 1814 s'était bornée à déclarer (art. 35), que la chambre des députés serait composée de députés élus par les colléges électoraux, dont l'organisation serait déterminée par des lois.

Les lois promises n'étaient pas encore rendues que les Bourbons reprenaient le chemin de l'exil.

V

A son retour de l'île d'Elbe, Napoléon comprit la nécessité de soulever un coin du voile qui avait si longtemps caché la liberté.

Par l'acte additionnel aux constitutions de l'empire, il maintint les colléges électoraux de département, mais avec une modification très-importante ; à savoir, que ces colléges, au lieu de ne faire que des présentations, comme sous l'empire de la constitution de l'an VIII, étaient désormais appelés *à nommer directement* les députés dont le nombre était établi pour chacun de ces colléges, par un tableau annexé à l'acte additionnel.

VI

Plusieurs lois électorales, d'une très-grande importance, furent rendues sous la Restauration.

La première, du 5 février 1817, appela à l'élection tous les Français jouissant des droits civils et politiques, âgés de trente ans, et payant dans tout le royaume 300 francs de contributions directes. — Le domicile politique était fixé dans le lieu du domicile réel, avec permission de le transférer dans un autre département, par une déclaration faite à l'avance dans les deux préfectures. — Il n'y avait qu'un seul collége électoral par département. — Tous les électeurs du département le composaient, ils nommaient directement les députés à la Chambre ; ils se se réunissaient, sur la convocation du roi, dans la ville désignée par l'ordonnance, dans une seule assemblée si leur nombre ne dépassait pas 600, dans plusieurs sections de 300 électeurs, s'il y en avait en tout plus de 600. Aucun député ne pouvait être admis dans la Chambre s'il n'était âgé de quarante ans, et s'il ne payait une contribution directe de mille francs.

La loi du 29 juin 1820 jeta le désordre dans le système de l'électorat et de l'éligibilité. — Elle divisa les colléges électoraux en colléges de département et colléges d'arrondissement, et les députés en députés de département et députés d'arrondissement. — Le quart de tous les électeurs d'arrondissement, pris parmi les plus imposés, votait aux colléges de département; ce quart votait encore dans les colléges d'arrondissement comme électeurs d'arrondissement. — C'était le double vote qui violait évidemment l'égalité des droits attachés par la charte au paiement de 300 francs d'impôts directs. Les colléges de département nommaient 172 députés et les colléges d'arrondissemet 258.

VII

Telle était la législation électorale lors de l'apparition des ordonnances de juillet. Elle fut remplacé par la loi du 19 avril 1831.

Cette loi maintint le principe des circonscriptions d'arrondissement, mais supprima le double vote; elle réduisit le cens électoral à 200 francs, le cens d'éligibilité à 500 francs, et fixa à 459 le nombre des députés.

VIII

La révolution de 1848 fut plus radicale que tous les gouvernements précédents.

Elle proclama le suffrage direct et universel.

Devinrent électeurs, sans condition de cens, tous les français âgés de 21 ans, jouissant de leurs droits civils et politiques, et éligibles, sans condition de domicile, tous les électeurs âgés de 25 ans (Constitution de 1848, art. 24, 25 et 26).

Le nombre total des représentants du peuple devait être de 750, y compris ceux de l'Algérie et des colonies françaises.

La loi organique du 15 mars 1849 n'exigea qu'un domicile de six mois pour l'inscription des citoyens sur la liste électorale de la commune, et se borna à indiquer quelques cas d'indignité à l'incapacité résultant de décisions judiciaires. — Elle édicta, en outre, que les électeurs se réuniraient au *chef-lieu de canton*, qui, en raison des circonstances, pourrait être divisé en quatre circonscriptions au plus.

Bientôt après, le gouvernement républicain pensa que cette législation électorale était dangereuse, et la loi du 31 mai 1850 y introduisit des réformes dans deux ordres de dispositions; les premières déterminèrent les conditions de domicile électoral et les manières de les constater; le domicile devait avoir désormais dans la commune ou le canton une durée *de trois années au moins;* les autres étendirent le domaine des incapacités électorales déjà prévues par la loi, — « En épurant ainsi de plus en plus la liste électorale, disait M. le ministre de l'intérieur, vous aurez plus fait pour la cause de l'ordre que vous ne seriez peut-être tentés de l'espérer ; vous aurez enlevé aux factions leurs instruments les plus actifs, leurs agents les plus désespérés, les plus infatigables. Après avoir replacé chaque électeur dans sa position naturelle, au milieu de sa famille, en présence de ses véritables intérêts, vous protégerez son honnêteté, quelquefois son ignorance : vous éloignerez de lui ceux qui tenteraient surtout de l'égarer ou de le corrompre. »

Cette loi causa le plus vif mécontentement : on lui reprocha de violer la constitution, de mutiler le suffrage universel, qui en était la base, en faisant dépendre l'électorat de conditions qu'elle n'avait pas cru devoir exiger, et qui devaient avoir pour résultat de supprimer un nombre considérable d'électeurs.

IX

Les choses en étaient là lorsque, par son décret du 3 décembre 1851, le Président de la République fit appel au peuple et rétablissant le suffrage universel, posa les bases d'une constitution nouvelle.

On sait que le décret organique du 2 février 1852 a abrogé le loi du 31 mai 1850, et qu'aujourd'hui tous les Français, âgés de 21 ans accomplis, jouissant de leurs droits civils et politiques, habitant dans la commune *depuis six mois au moins*, sont électenrs sans condition de cens. — Le suffrage est donc devenu direct et universel, dans des conditions absolument identiques sous ce rapport à celles qu'avait décrétées le gouvernement provisoire de 1848. Mais il est une différence, toutefois, qu'il importe de remarquer, c'est que sous l'empire des lois de 1849 et 1850, les électeurs se réunissaient et votaient *au chef-lieu de canton*, tandis qu'aujourd'hui ils se réunissent et votent *dans chaque commune.*

En accordant à tous les citoyens les droits d'élection, Napoléon III, il faut lui rendre cette justice, a reconnu le principe du droit politique sous sa forme la plus élevée. Ce droit a été établi, en effet, sur des bases telles qu'il n'y a, dans le monde, aucun peuple qui soit, à cet égard, doté d'institutions aussi remarquables et aussi virtuellement progressives.

X

Rétablira-t-on complétement le système électoral inauguré par la loi organique du 15 mars 1849 ? C'est à désirer, car la réunion et le vote des électeurs au chef-lieu de canton ajoute à leur indépendance en diminuant, sans les détruire toutefois, les moyens et les abus de l'influence administrative.

IV

LE SUFFRAGE UNIVERSEL ET DIRECT FAIT-IL DES CHOIX RÉPONDANT AU SENTIMENT PUBLIC?

I

Nous venons de voir que la souveraineté du peuple peut se manifester sous le régime actuel avec plus d'efficacité que sous tous les régimes qui l'ont précédé.

Sous l'empire de la constitution de 1791, les élections étaient à deux degrés ;

Le premier Empire choisissait les représentants sur des listes tellement nombreuses, que le pouvoir exécutif n'était jamais embarrassé de trouver ses hommes préférés ;

La Restauration ne prenait les électeurs et les éligibles que parmi les grands propriétaires, et encore les plus favorisés de la fortune étaient-ils investis du droit exorbitant de voter deux fois ;

Le double vote fut aboli, il est vrai, par le gouvernement de Juillet. Mais les seuls citoyens qui eussent le privilége de concourir à la nomination des députés devaient payer 200 francs au moins d'impositions directes ;

C'est à la révolution de 1848 qu'appartient l'éternel

honneur d'avoir établi l'électorat et l'éligibilité sur les bases les plus larges ;

Quant au second Empire, il a reconnu le fait, il l'a consacré, et quelles que soient les destinées futures de notre pays, on peut dire avec certitude que le suffrage direct et universel constitue une conquête qu'aucune puissance humaine ne saurait nous enlever.

II

Mais il ne suffit pas de posséder un instrument ayant pour objet et devant avoir pour effet de faire connaître la volonté nationale. Encore faut-il savoir se servir de cet instrument, sans quoi il devient inutile entre les mains de celui qui en est armé.

Or, jusqu'à présent la France a-t-elle su, a-t-elle pu, surtout, faire des choix qui répondissent au sentiment national ? Nous disons : Non ! Mais qui donc oserait nier les progrès accomplis par l'esprit public et l'incontestable développement de l'éducation du suffrage universel ? Hier enfant, adulte aujourd'hui, qui donc pourrait douter de sa prochaine virilité ?

Depuis le coup d'État de 1851, trois élections générales ont eu lieu, pour la nomination des députés, celles de 1852, 1857 et 1863. Or, chacune d'elles accuse sur celle qui l'a précédée une amélioration incontestable.

Il en sera de la liberté électorale comme de la marée montante qui finit par couvrir la plage de ses flots.

III

En 1852, on était au lendemain du coup d'État ; parmi les membres de l'assemblée dissoute, les uns étaient en état d'arrestation, d'autres s'étaient réfugiés à l'étranger, et enfin un grand nombre se tinrent à l'écart, attendant avec anxiété l'issue d'un événement qui blessait leurs convictions en renversant un gouvernement qui avait été le rêve de toute leur vie. D'autre part, la liberté de la presse n'existait plus, les journaux étaient sous la férule administrative. Ajoutons que, par mesure de sûreté générale, on transportait à Cayenne et en Algérie des masses de citoyens.

En un mot, la grande émotion que le coup d'État avait provoquée à Paris et dans les départements était loin d'être calmée. C'est assez dire que les élections de 1852 ne pouvaient être libres ; aussi les candidats officiels passèrent-ils sur toute la ligne. Nous ne croyons pas nous tromper en affirmant que le Corps législatif de 1852 ne renferma pas un seul membre de l'opposition.

IV

Un Corps législatif élu dans de semblables conditions, animé d'un esprit d'approbation quand même, et dont les discussions étaient étouffées sous le compte rendu officiel, devait être comme s'il n'était pas. Rien, effet, ne manifestait son existence. Aussi arriva-t-il que le public, se désintéressant de la politique, se rua, pour satisfaire son activité, sur les affaires industrielles et financières. Le gouvernement seconda ce mouvement de tous ses efforts.

La jeunesse elle-même, toujours si ardente, si passionnée dans ses instincts généreux, ne fut pas à l'abri de la contagion. Elle sembla n'avoir plus que des appétits matériels, ou du moins elle en fut un moment accusée. Avouons-le avec tristesse, c'était une déplorable période que celle que nous traversâmes de 1851 à 1857.

Le gouvernement personnel ne fut jamais porté à une plus haute puissance. Comment en aurait-il été autrement en présence d'un Corps législatif où le gouvernement ne rencontrait pas la moindre opposition, en présence d'une presse qui en était réduite, sous peine de suppression, à enregistrer les faits politiques sans oser les apprécier?

V

Il était difficile que la France se condamnât toujours à un tel aplatissement, et les élections de 1857 fournirent à l'opinion publique l'occasion d'un commencement de réveil, surtout dans les grandes cités.

Paris nomma quatre députés de l'opposition, Lyon un ; ces cinq membres du nouveau Corps législatif se tenant unis comme les cinq doigts de la main, revendiquèrent avec autant d'énergie que de talent les libertés dont la France était privée.

La presse qui, pour cause, s'était montrée si timide, si réservée de 1851 à 1857, suivit le mouvement imprimé par les cinq courageux députés. Dès lors le monde politique commença à sortir de sa longue léthargie.

A partir de ce moment, on s'occupa moins des affaires

industrielles et davantage des affaires du pays. L'opinion publique, comme une flamme longtemps étouffée, se fit jour et inonda de clartés nouvelles l'horizon politique.

VI

Les élections de 1863 se firent dans des circonstances moins difficiles que les deux précédentes.

La tribune parlementaire avait déjà retenti des longues et brillantes discussions auxquelles avaient donné lieu trois adresses successives du Corps législatif et du Sénat.

Sans doute les électeurs, et surtout ceux des campagnes, se montrèrent timides dans l'exercice de leur droit, mais les abstentions, qui avaient été si nombreuses en 1852 et 1857, diminuèrent dans une grande proportion. — Autrefois, on n'abordait le scrutin qu'avec une espèce de répugnance. — En 1863, on s'y rendit avec empressement. — La vie politique renaissait. — Bien peu de circonscriptions manquèrent de candidats opposants. — Ceux-ci, labourant un champ électoral encore jonché de ronces, agitèrent l'opinion publique, toute disposée à éclater, et nous vîmes enfin une lutte électorale dont l'animation était près d'égaler celles dont nous avions été témoins après la révolution de 1848. — Pour l'opposition, la victoire était d'autant plus difficile que privée du droit de se réunir, de se concerter, elle luttait avec le gouvernement, ayant à sa disposition, sous sa main, le plus puissant des comités électoraux, celui de 5 à 600,000 fonctionnaires siégeant en permanence, obéissant au mot d'ordre du ministre de l'intérieur.

VII

Quoi qu'il en soit, et malgré l'infériorité de ses moyens d'action dans la lutte, l'opposition parvint, surtout dans les grands centres de population, à faire passer un certain nombre de ses candidats. — Non-seulement les cinq furent renommés, mais nous vîmes entrer au Corps législatif plusieurs hommes ayant une longue expérience des assemblées, et à leur tête M. Thiers que la ville de Paris élut, mettant à néant les plus énergiques efforts de l'administration pour le combattre.

VIII

La vérification des pouvoirs fut longue et elle révéla que l'intervention de l'administration dans les élections avait souvent dépassé les limites dans lesquelles elle devait se renfermer. — Certes, nous comprenons que le gouvernement ne puisse se désintéresser tout à fait dans ce grand mouvement électoral, produit de dix millions d'électeurs, mais il fut malheureusement constaté plus d'une fois qu'il avait pris le rôle d'un parti en descendant de la sphère supérieure des intérêts qu'il représente.

IX

De cinq membres dont elle se composait à la précédente législature, l'opposition s'éleva au nombre de vingt-cinq ou trente. — L'adresse de 1864 devint un véritable tournoi d'éloquence. M. Thiers, cet illustre homme d'État dont la parole a pris en Europe une si haute autorité, revendiqua, dans un discours que tout le monde a lu, les libertés qu'il appelle *nécessaires*.

X

Aujourd'hui que par la force comprimée de l'opinion publique, nous avons obtenu la liberté de la presse dans une certaine mesure, le droit de réunion, quelque réglementé qu'il soit, aujourd'hui, disons-nous, les élections prochaines se feront dans des conditions plus favorables encore que celles de 1863. — La France atteindra enfin le but poursuivi depuis un demi-siècle, celui de réunir dans ses institutions les deux idées fondamentales de la révolution : l'idée de liberté et l'idée démocratique.

V

RÉSUMÉ ET CONCLUSION

I

Si nous comparons le gouvernement tel qu'il était constitué et tel qu'il fonctionnait en 1852 avec le gouvernement d'aujourd'hui, amendé par les sénatus-consultes intervenus depuis, comme aussi par les lois et les décrets inspirés par la souffle de l'opinion publique, nous trouverons une différence profonde entre les deux situations.

II

De 1852 à 1857, c'est le gouvernement personnel dans toute l'acception du mot.

L'empereur est tout. Le Corps législatif n'est encore qu'une nébuleuse.

La presse est complétement bâillonnée.

Quant à l'opinion publique, elle est comme attérée par les événements qui se sont produits. — Il faut qu'un certain temps s'écoule avant qu'elle revienne à elle-même.

C'est l'empereur qui a seul l'initiative des lois.

Ces lois sont votées par un Corps législatif en quelque sorte imposé par l'administration.

Les législateurs ne sont pas condamnés au mutisme, mais ils ne se servent de la parole que pour approuver, sans pouvoir presque amender ces lois préparées par un Conseil d'Etat nommé par l'empereur.

Les discussions de cette assemblée n'inspirent ni curiosité ni intérêt.

De grands travaux sont entrepris sur tous les points de la France, mais c'est l'empereur qui les ordonne par de simples décrets.

Les sommes englouties par ces travaux, c'est encore l'empereur qui les décrète, en ouvrant, de sa seule et propre autorité, des crédits extraordinaires.

Ces crédits doivent, il est vrai, être soumis au Corps législatif, mais ils ne le sont qu'après leur épuisement, de telle sorte que le Corps législatif se trouvant en face d'un fait consommé sans lui et hors de lui, n'a qu'à donner sa sanction.

C'est l'empereur qui seul conclut les traités de commerce et qui seul donne force de loi aux modifications de tarifs stipulées dans ces traités.

Les impôts augmentent dans une proportion effrayante.

La dette publique grossit à vue d'œil.

En même temps que le gouvernement, usant de son pouvoir dictatorial, donne une grande impulsion à l'établissement des chemins de fer, à la transformation de Paris, le public se lance impétueusement dans des spéculations plus ou moins hasardées.

L'agiotage sur la rente, sur les actions industrielles, prend un développement tel qu'on ne l'a jamais vu même du temps de Law.

La Bourse devient le rendez-vous général. C'est là, et là seulement, qu'on se communique à l'oreille les nouvelles politiques, et encore la principale préoccupation de ceux qui échangent ces confidences, est-elle de savoir si ces nouvelles sont de nature à provoquer la hausse ou la baisse.

Avons-nous chargé le tableau? Nous en appelons au souvenir et au témoignage de tous ceux qui ont traversé cette triste époque.

III

De 1857 à 1860, les choses commencent à changer de face. Un élément d'opposition surgit au sein du Corps législatif.

Parmi ceux qui se livraient frénétiquement au jeu, quelques-uns sont repus, la plupart des autres sont ruinés.

L'accès de fièvre passé, on s'aperçoit enfin qu'il ne suffit pas de donner satisfaction aux appétits matériels.

On veut vivre de la vie morale.

Le Corps législatif a donné l'exemple. La presse s'ébranle, les brochures politiques reparaissent.

En un mot l'opinion publique a pris une direction opposée à celle que lui avaient imprimée les événements de 1851. Le souffle de cette opinion publique pénètre jusqu'aux Tuileries, et l'empereur s'en inspire.

C'est alors que Napoléon III rend le célèbre décret de 1860 qui fait sortir le pays de l'engourdissement politique dans lequel il était plongé depuis dix longues années.

IV

Les brillantes discussions de l'adresse, l'impatience avec laquelle on attend les journaux qui les reproduisent, l'intérêt avec lequel on les lit, sont choses si nouvelles, que l'on s'étonne d'avoir pu si brusquement passer de la mort à la vie politique.

La France, en quelque sorte soudainement rajeunie, semble s'animer d'une ardeur nouvelle, inespérée. On dirait une aurore et presque une renaissance. Hier, c'était l'immobilité funèbre de la tombe, et voici que tout s'éveille et s'exalte spontanément.

V

Ce mouvement s'accentue de plus en plus par les recrues que les élections de 1863 apportent à l'opposition.

Le gouvernement est tenté d'arrêter ce mouvement dont l'activité l'importune. Mais il se ravise bientôt en présence de l'opinion publique, et il ne retire une première concession que pour en accorder de nouvelles.

En un mot, nous avons, en 1852, débuté par le gouvernement personnel, par la compression, par l'arbitraire, par la négation de la liberté de la tribune, de la presse, du droit de réunion.

Aujourd'hui nous voguons à pleines voiles vers le gouvernement parlementaire. Le sentiment public le veut, et nous l'aurons!

Les immortels principes de 1789 étaient une lettre morte dans la constitution de 1852, mais ces principes, nos pères nous les ont transmis avec le sang qui coule dans nos veines. Comme les rayons de soleil qui peuvent être voilés momentanément par un épais nuage, ils reparaissent bientôt plus éclatants que jamais.

VI

Les améliorations qui se sont réalisées dans notre régime politique, à qui les devons-nous, sinon à l'opinion publique?

Lorsque les gouvernements sont assez sages pour s'inspirer de la volonté nationale, ils grandissent dans l'estime du peuple.

Résistent-ils à cette volonté? le peuple les brise.

Nous avons derrière nous quatre-vingts ans de formidable expérience qui démontrent souverainement que, si lente qu'elle puisse paraître, l'œuvre de la justice est immanente dans nos annales politiques. La nation doit être servie fidèlement, énergiquement par le pouvoir qui n'a d'autre légitimité que celle qui lui est conférée par son mandat; il dépend donc de la nation, armée du suffrage universel, de veiller elle-même, par elle-même, à l'accomplissement de ses destinées.

Sans s'exposer aux désastres, aux ruines qu'il a trop souvent subies, le Pays peut, s'il le veut, avec une tranquille vigueur, faire respecter ses volontés.

L'arme la plus perfectionnée et la plus puissante de notre époque,

Ce n'est pas le canon rayé,

Ce n'est pas le fusil Chassepot,

C'est le bulletin de vote!

Paris. — Imp L. Poupart-Davyl, rue du Bac, 30.

www.ingramcontent.com/pod-product-compliance
Lightning Source LLC
Chambersburg PA
CBHW061247030726
47595CB00004B/1737